Bibliografische Information der Deutschen Nationalbibliothek:

Die Deutsche Bibliothek verzeichnet diese Publikation in der Deutschen National-bibliografie; detaillierte bibliografische Daten sind im Internet über http://dnb.d-nb.de/ abrufbar.

Dieses Werk sowie alle darin enthaltenen einzelnen Beiträge und Abbildungen sind urheberrechtlich geschützt. Jede Verwertung, die nicht ausdrücklich vom Urheberrechtsschutz zugelassen ist, bedarf der vorherigen Zustimmung des Verlages. Das gilt insbesondere für Vervielfältigungen, Bearbeitungen, Übersetzungen, Mikroverfilmungen, Auswertungen durch Datenbanken und für die Einspeicherung und Verarbeitung in elektronische Systeme. Alle Rechte, auch die des auszugsweisen Nachdrucks, der fotomechanischen Wiedergabe (einschließlich Mikrokopie) sowie der Auswertung durch Datenbanken oder ähnliche Einrichtungen, vorbehalten.

Impressum:

Copyright © 2014 GRIN Verlag
Druck und Bindung: Books on Demand GmbH, Norderstedt Germany
ISBN: 9783346056443

Dieses Buch bei GRIN:

https://www.grin.com/document/504356

Carsten Friebis

Inklusions- und Exklusionsprozesse bei minderjährigen Flüchtlingen

GRIN Verlag

GRIN - Your knowledge has value

Der GRIN Verlag publiziert seit 1998 wissenschaftliche Arbeiten von Studenten, Hochschullehrern und anderen Akademikern als eBook und gedrucktes Buch. Die Verlagswebsite www.grin.com ist die ideale Plattform zur Veröffentlichung von Hausarbeiten, Abschlussarbeiten, wissenschaftlichen Aufsätzen, Dissertationen und Fachbüchern.

Besuchen Sie uns im Internet:

http://www.grin.com/

http://www.facebook.com/grincom

http://www.twitter.com/grin_com

HS RheinMain, BASA - Online 13 B,

Fachbereich Sozialwesen, WiSe 2014/15

Modul O7 Inklusion/Exklusion: Eine multidisziplinäre Einführung

Aufgabe 2: Hausarbeit

Thema: Inklusions- und Exklusionsprozesse bei minderjährigen Flüchtlingen

Abgabedatum: 01.03.2015

Inhaltsverzeichnis

1. Einleitung 3
2. Die Lebenswelt von Kindern und Jugendlichen als Flüchtlinge in der Bundesrepublik Deutschland 4
    2.1 Unbegleitete minderjährige Flüchtlinge (UMF) 5
    2.2 Begleitete minderjährige Flüchtlinge 6
    2.3 Mögliche Exklusions- und Ausschlussrisiken 7
3. Erklärung der Ausschlussprozesse von Flüchtlingen am Beispiel der Stigmatheorie nach Erving Goffman 9
    3.1 Soziale, persönliche und Ich-Identität 10
    3.2 Erwartete und tatsächliche Identität 11
    3.3 Stigmata als Normabweichung 12
    3.4 Stigmata von minderjährigen Flüchtlingen 13
4. Partizipation als Chance zur Inklusion von minderjährigen Flüchtlingen 15
    4.1 Empowerment als Handlungskonzept in der Flüchtlingsarbeit 17
    4.2 Wie Partizipation und Inklusion gut gelingen können 19
5. Die Rolle der Sozialen Arbeit - benötigte Handlungskompetenzen der Fachkräfte 21
6. Fazit 22
7. Literaturverzeichnis: 25

1. Einleitung

Die Assoziationen in der Gesellschaft beim Begriff „Flüchtling" sind alles andere als positiv. Es werden ihnen häufig negative Eigenschaften wie faul, kriminell, Schmarotzer, etc. zugeschrieben. Die Bilder und Reportagen, die aktuell in den Nachrichten von Flüchtlingsdramen im Mittelmeer berichten, scheinen zudem an vielen Menschen spurlos vorüber zu gehen. Es wird primär darüber diskutiert, wie eine Abschreckung der Flüchtlinge aussehen oder wie die Grenzen der Zuwanderungsländer gesichert werden könnte. An die Ursachen der Flüchtlingsprobleme und die Situation der Flüchtlinge im Herkunfts- und Exilland wird in unseren Augen nur unzureichend gedacht.

Wie auch Thränhardt 2014 feststellt, „sind die gesellschaftliche Wirklichkeit und Wahrnehmung von Migration und Integration keineswegs deckungsgleich." Seiner Meinung nach schilderten die Medien den Zuzug von Migranten stets als Problem (Thränhardt 2014, S. 5).

Es gibt viele Gründe, wie extreme Armut, Bürgerkrieg, Gewalt, politische Verfolgung und Naturkatastrophen die Familien bewegen, zusammen mit ihren Kindern oder ihre Kinder alleine, eine oftmals riskante, gefährliche oder sogar tödliche Flucht aus ihrem Herkunftsland anzutreten zu lassen (vgl. Schmitt/Homfeldt 2014, S.15).

Im Exilland stehen junge Flüchtlinge mit oder ohne Familie vor vielfältigen Herausforderungen. Sie haben Bezugspersonen verloren und sich von ihrer gewohnten Umgebung getrennt. Sie müssen eine neue Sprache erlernen und sich einem Normensystem einfügen, das ihnen oft fremd erscheint. Sie müssen sich nicht selten eine neue Identität zulegen und für ihre wahre Biografie interessieren sich die wenigsten (vgl. Stauf 2012, S. 46 f.).

Die geflohenen Kinder und Jugendlichen haben oft traumatisierende Erlebnisse wie den Verlust der Eltern erfahren und befinden sich nun in einer fremden Umgebung. Dort ist es wichtig, dass sie Unterstützung, konstante Bindungen zu Bezugspersonen und Zuwendung erfahren sowie von allen Beteiligten Verständnis für ihre Situation aufgebracht wird.

Zudem sollten die MitarbeiterInnen der Sozialen Arbeit auf die strukturellen und politischen Missstände aufmerksam machen (vgl. Schmitt/Homfeldt 2014, S. 16).

Wir haben das Thema "Inklusions- und Exklusionsprozesse minderjähriger Flüchtlinge" für unsere Arbeit gewählt, da es uns, aufgrund der aktuellen Flüchtlingssituation in Deutschland sehr interessiert und es durch die mediale Berichterstattung und öffentliche Diskussionen über Flüchtlingsheime sehr präsent ist.

Ziel der Arbeit ist es die spezifischen Bedingungen von (begleiteten sowie unbegleiteten) minderjährigen Flüchtlingen in Deutschland darzustellen und aufzuzeigen, wie durch Partizipations- und Inklusionsprozesse ihre Teilhabe am gesellschaftlichen Leben verbessert werden kann.

Zunächst wird die Lebenswelt von minderjährigen Kindern und Jugendlichen, die als Flüchtlinge in Deutschland leben, vorgestellt. Im Anschluss wird der Exklusionsbegriff definiert und mögliche Risiken für Ausschließungs- und Exklusionsprozesse werden dargestellt. Anhand der Stigmatheorie von Goffman wird ein theoretischer Erklärungsversuch zu sozialem Ausschluss und der Exklusion von Flüchtlingen unternommen. Zunächst werden die Prämissen von Goffmans Stigmatheorie erläutert und anschließend auf die Lebenswelten und Ausschließungsprozesse von Flüchtlingen übertragen. Abschließend wird aufgezeigt, wie mit Hilfe von Partizipation und Empowerment als Handlungskonzept eine Inklusion von Flüchtlingen gelingen kann und was der Auftrag der Sozialen Arbeit ist.

2. Die Lebenswelt von Kindern und Jugendlichen als Flüchtlinge in der Bundesrepublik Deutschland

Die Geschichte der BRD ist bereits seit den 1960er Jahren mit Einwanderung verknüpft, auch wenn in der Vergangenheit häufig nur von Gastarbeitern gesprochen wurde. Seit spätestens 2011 ist klar - Deutschland ist zum wichtigsten Einwanderungsland in Europa geworden und wird hauptsächlich von Menschen aus Polen, Rumänien, Ungarn, Bulgarien, Italien oder Spanien als neue Heimat gewählt (vgl. Thränhardt 2014, S. 5f.).

Zusätzlich zu den Einwanderern der letzten Jahre gibt es seit den Bürgerkriegen 2011, wie z. B. in Syrien immer mehr Kinder und Jugendliche mit oder ohne Familie auf der Flucht. Nach einer Studie der UNICEF lebten 2013 ca. 65.000 Flüchtlingskinder mit unsicherem Aufenthaltsstatus in Deutschland.

Unter dem Begriff „Flüchtlingskind" wird eine Gruppe von Kindern und Jugendlichen gefasst, "deren Gemeinsamkeit sich rechtlich auf den angestrebten Aufenthaltstitel gründet" (Berthold 2014, S. 12). Sie haben aus den verschiedensten Gründen ihre Heimatländer verlassen und stehen, gemäß der EU-Richtlinien, unter besonderer Schutzbedürftigkeit (vgl. Berthold 2014, S. 10,13).

Gerade in den letzten Monaten sind die Flüchtlingszahlen erneut extrem angestiegen. Nach der Asylgeschäftsstatistik für den Monat Januar 2015 des Bundesamtes für Migration und Flüchtlinge gab es in Deutschland in diesem Jahr bisher 21.679 Erstanträge auf Asyl, aus den Ländern Syrien, Kosovo, Serbien, Albanien, Afghanistan, Irak, Eritrea, Mazedonien und Nigeria. Im Vergleichsmonat des Vorjahres waren es 12.556 Erstanträge, dies bedeutet einen Zuwachs um 72,7 % (vgl. dazu insgesamt BAMF a 2015, S. 2).

Über das Leben der jungen Flüchtlingskinder in Deutschland entscheidet bei ihrer Ankunft bzw. ihrer Antragsstellung zunächst ihr Status, das heißt, ob sie alleine als „Unbegleitete minderjährige Flüchtlinge", auch UMF genannt oder gemeinsam mit ihren Eltern oder anderen Familienangehörigen einreisen.

2.1 Unbegleitete minderjährige Flüchtlinge (UMF)

"Unbegleitete Minderjährige sind Personen unter 18 Jahren, die ohne Begleitung eines für sie verantwortlichen Erwachsenen in einen Mitgliedstaat der EU einreisen. Hierzu gehören auch Minderjährige, die nach der Einreise ohne Begleitung zurückgelassen werden" (BAMF b 2014, S. 27).

Unbegleitete minderjährige Flüchtlinge sind häufig auf der Flucht vor Bürgerkriegen, sexuellen Handlungen oder einer möglichen Rekrutierung als Kindersoldaten, nach dem Tod der Eltern auf sich gestellt und traumatisiert, wenn sie in Deutschland ankommen. Sie benötigen eine Unterkunft sowie Hilfen zur Lebensbewältigung (vgl. Schmitt/Homfeldt 2014, S. 15).

Laut § 42 des KJHG ist das örtlich zuständige Jugendamt verpflichtet UMF in Obhut zu nehmen. Im Jahr 2013 gab es 42123 Inobhutnahmen von Seiten des Jugendamtes, 6584 entfielen auf UMF (vgl. Statistisches Bundesamt 2014). Nach der Inobhutnahme der unbegleiteten minderjährigen Flüchtlinge erfolgt in der Regel ein Clearingverfahren durch staatliche Stellen, in dem Identität, Alter, Gesundheitszustand und Bildungsstand der Kinder und Jugendlichen erfasst werden und der Aufenthaltsstatus geklärt wird. Manche unbegleitete Minderjährige haben Familienangehörige in der BRD oder einem anderen Staat haben, die sich um sie kümmern und sie aufnehmen können. Schließlich folgt die Entscheidung, ob ein Asylantrag gestellt werden soll (vgl. dazu insgesamt BAMF b 2014, S. 27). Manche Gemeinden nehmen UMF ohne Clearingverfahren auf und bieten ihnen freie Plätze in anderen Wohngruppen an, was unter Umständen zu Spannungen führen kann, wenn die Bewohner dort zum ersten Mal mit UMF konfrontiert werden. Auch sprachliche, kulturelle oder religiöse Unterschiede können zum Problem werden, dem das pädagogische Fachpersonal entgegenwirken muss (vgl. Bachert 2014, S. 21).

2.2 Begleitete minderjährige Flüchtlinge

Begleitete Kinder werden mit ihren Eltern, wenn diese einen Asylantrag stellen wollen, entsprechend dem Asylverfahrensgesetz den für sie zuständigen Bundesländern zugewiesen. Jedes Bundesland hat dabei eine exakt festgelegte Quote der Asylbegehrenden, dem sogenannten Königsteiner Schlüssel, dieser „berücksichtigt Steueraufkommen und Bevölkerungszahl der Bundesländer und wird jährlich von der Bund- Länder- Kommission ermittelt" (BAMF c 2014, S. 3).
Die Zuständigkeit ist abhängig von den Herkunftsländern der Flüchtlinge. Diese Anträge können ausschließlich beim Bundesamt für Migration oder deren Außenstellen gestellt

werden. Zunächst werden die Asylsuchenden an eine Erstaufnahme-Einrichtung verwiesen, diese kann in einem anderen Bundesland liegen, das für ihr Herkunftsland zuständig ist. Die schutzsuchende Familie meldet sich bei der Erstaufnahme-Einrichtung, diese kümmert sich um eine Unterbringung und Versorgung und informiert die zuständige Außenstelle (vgl. dazu insgesamt BAMF c, 2014, S. 3). Auf der Grundlage des Asylverfahrensgesetzes wird bei jedem Asylantrag der Internationale Schutz, Flüchtlingsschutz, Subsidiärer Schutz sowie Asylberechtigung nach Art. 16a Abs. 1 GG beantragt (vgl. ebd. 2014, S. 4).

Bis zur Klärung ihres Antrags leben die Kinder und Jugendlichen mit ihren Eltern in Gemeinschaftsunterkünften. Sie erhalten Sachleistungen z. B. in Form von Essenspaketen, auf Grundlage des Asylbewerberleistungsgesetzes (vgl. Peucker/Seckinger 2014, S. 12). Je länger sie auf die Bearbeitung des Antrags warten müssen, desto länger bleiben den Kindern häufig Bildungsmöglichkeiten, wie z. B. der Besuch einer Kindertagesstätte verwehrt.

Obwohl das Thema über die Lebensbedingungen von jungen Flüchtlingen sehr aktuell ist, wurde es nach Meinung von Peucker/Seckinger bisher wissenschaftlich zu wenig untersucht. Es gibt viele Fragen darüber, in welchem Rahmen und welche Angebote die Kinder- und Jugendhilfe den Flüchtlingen konkret macht, vor allem in Asylbewerberheimen. Sie fordern Standards und Angebote für den Umgang mit UMF und konkrete Zahlen, wie viele junge Menschen Hilfen in Anspruch nehmen und wie deren Lebenslagen konkret aussehen (vgl. dazu insgesamt ebd., S. 14).

2.3 Mögliche Exklusions- und Ausschlussrisiken

Der Status der Exklusion, im deutschsprachigen Raum mit Ausschließung übersetzt, besteht nach Robert Castel aus drei Teilen. Der Exkludierte wird von der Gemeinschaft in allen Bereichen, sowohl am Arbeitsmarkt als auch von sozialen Beziehungen, ausgeschlossen. Er lebt innerhalb der Gemeinschaft in getrennten, für ihn aufgebauten Bereichen, in dem Falle in Asylbewerberunterkünften und er bekommt den Status des Exkludierten zugeschrieben (vgl. Quack/Schmidt 2013, S. 10f.). Das erklärt möglicherweise die zu Beginn dargestellten Assoziationen der Gesellschaft zum Thema Flüchtlinge.

Es gibt eine Vielzahl von möglichen Risiken und Ursachen, die zur Exklusion junger Flüchtlinge beitragen können. Die hier vorgestellten gelten sicherlich nicht für alle Kinder und Jugendliche, die nach Deutschland geflüchtet sind, sollten aber dennoch dringend behoben werden. Durch den Stau von Asylanträgen, ob bedingt durch personellen Mangel oder einer Flut an Asylsuchenden, müssen die Kinder und Jugendlichen mit ihren Eltern länger in überfüllten Unterkünften und der Ungewissheit leben, ob sie überhaupt in der BRD bleiben dürfen. Zusätzlich zum Problem der sprachlichen und kulturellen Verständigung haben sie kaum Zukunftsperspektiven und wenige finanzielle Mittel, so lange nicht geregelt ist, wie es mit ihnen weitergeht. Leben die Kinder längere Zeit in Unterkünften und besuchen möglicherweise eine ansässige Schule, haben sie kaum Möglichkeiten Freunde einzuladen und schlagen mögliche Einladungen von anderen häufig aus Scham aus. Wenn die Kinder in Provinzdörfen untergebracht werden, fehlen häufig eine sprachliche Unterstützung und Beratungsmöglichkeiten (vgl. dazu insgesamt Soyer 2014, S. 8).

Die Unterkünfte unterscheiden sich sehr in ihren Ausstattungen, doch bieten sie generell wenig Privatsphäre, enge Räume und Lärm. Durch nicht abschließbare Waschräume und Toiletten, mögliche Gewalt- oder sexuelle Übergriffe gefährden sie das Kindeswohl und verschlimmern mögliche Traumatisierungen (vgl. Kindler 2014, S.11). Diese Traumatisierungen durch Erlebnisse im Heimatland oder auf der Flucht, können zu posttraumatischen Belastungsstörungen führen. Hier fehlen psychotherapeutische Angebote sowie eine ausreichende Begleitung der Kinder und Jugendlichen durch Ärzte, Lehrer und ErzieherInnen. Auch durch häufig wechselnde Fremdunterbringung werden die Kinder ausgegrenzt und schaffen es nicht Anschluss zu finden (vgl. ebd., S. 10).

Laut eines Artikels in der Zeitschrift "neon" gibt es durchschnittlich zweimal pro Woche Angriffe auf Flüchtlingsheime durch rechtsradikale Täter (vgl. Ludwig 2015, S. 29). Diese Bedrohung wirkt sich natürlich ebenfalls auf die psychische Situation der Betroffenen aus, in der Angst, um sich und ihre Kinder leben zu müssen. Auch die Gesellschaft sorgt für Ausschlusskriterien, in dem Bürger die Errichtung von Flüchtlingsunterkünften in ihrer unmittelbaren Umgebung ablehnen, wie in der TV-Sendung "Hart aber fair" vom 23.02.2015 berichtet wurde (vgl. Hart aber Fair 2015).

Die Kinder- und Jugendhilfe, die gemäß § 1 SGB VIII den Auftrag hat, dafür zu sorgen, dass "jeder junge Mensch ein Recht auf Förderung seiner Entwicklung und auf Erziehung zu einer eigenverantwortlichen und gemeinschaftsfähigen Persönlichkeit hat" (Gesetze für die Soziale Arbeit 2013), sorgt nach Meinung von Peucker/Seckinger noch für zu wenig altersgemäße Angebote und Unterstützung. Sie fordern Regelangebote für alle Kinder und Jugendliche, mehr Personal mit Migrationshintergrund bzw. mehr Schulungen zu diesem Thema. Derzeit sind mögliche Angebote für Kinder und Jugendliche abhängig vom Engagement von Privatpersonen, die sich ehrenamtlich engagieren oder von bestehenden Jugendhilfeeinrichtungen. Dadurch sorgt auch die Kinder- und Jugendhilfe für Ausschlusskriterien, die dringend verändert werden müssten.

Viele Flüchtlingsfamilien haben vermutlich einen hohen Bedarf an Hilfen zur Erziehung, durch Unkenntnis oder die vermeintliche Angst, bei Nutzung der Angebote abgeschoben zu werden, nehmen viele die Hilfen nicht in Anspruch (vgl. dazu insgesamt Peucker/Seckinger 2014, S. 12ff.).

3. Erklärung der Ausschlussprozesse von Flüchtlingen am Beispiel der Stigmatheorie nach Erving Goffman

Im ursprünglichen Wortsinn bedeutet Stigma, aus dem Griechischen und Lateinischen stammend, „Zeichen", „Brandmal" oder „Stich" und diente als Bezeichnung dafür, wenn sich eine Person in besonderer Weise von anderen unterschied (vgl. Goffman 1996, S. 9). Der Soziologe Goffman greift den Stigmabegriff in seiner wissenschaftlichen Arbeit zum Phänomen Stigma von 1963 auf und stellt fest, dass der Terminus wieder im ursprünglichen Wortsinne Verwendung findet. In der sozialwissenschaftlichen Forschung findet der Begriff Stigma bald darauf Eingang und wird heute im Wörterbuch der Soziologie definiert als „ein physisches, psychisches oder soziales Merkmal, durch das eine Person sich von den übrigen Mitgliedern einer Gesellschaft oder Gruppe, der sie angehört, negativ unterscheidet und das sie von vollständiger sozialer Anerkennung ausschließt" (Peuckert 2010, S. 317).

Goffmans Stigmatheorie beschäftigt sich mit zwei Themen – dem Stigma und der personalen Identität. Unter Stigma versteht Goffman den Makel von Personen mit diskriminierender Wirkung. Mit dem Phänomen Stigma werden zudem die allgemeinen Strukturen und Prozesse personaler Identität von Goffman aufgezeigt. Das Stigma als Abweichung von den jeweiligen sozialen Normalitätsstandards gehört in unterschiedlichem Ausmaß und in unterschiedlichen Formen somit zu jeder Identität. Das bedeutet, dass das spezielle soziale Phänomen des Stigmas als eine spezifische Ausformung der Identität interpretiert wird und zum anderen hat das Stigma eine grundlegende Bedeutung bei der personalen Identität (vgl. von Engelhardt 2010, S. 125f.).

3.1 Soziale, persönliche und Ich-Identität

Goffman unterscheidet zwischen sozialer, persönlicher und Ich-Identität. Demnach bewegt sich das Individuum in einer ständigen Wechselbeziehung zwischen Anpassung und individueller Abwandlung.

Die soziale Identität ist die Zugehörigkeit des Menschen zu übergeordneten Einheiten, gesellschaftlichen Gruppen und sozialen Rollen (zum Beispiel Geschlecht, Nationalität, soziale Klasse, Beruf) und auf die damit verbundenen Eigenschaften ausgerichtet.
Die persönliche Identität hebt die Unverwechselbarkeit jeder Einzelperson hervor, die sich an ihrer körperlichen Erscheinung, an ihrem Namen, an der besonderen Kombination und Ausprägung von Merkmalen (der sozialen Identität) und vor allem an ihrer Biographie festmachen lässt. Soziale und persönliche Identität sind miteinander verbunden und erhalten

je nach sozialer Situation (etwa bei der zufälligen Begegnung von Passanten, im Berufsleben oder beim privaten und intimen Zusammensein) eine unterschiedliche Gewichtung. Über die soziale und die persönliche Identität erfolgt die Identifizierung des Gegenübers bzw. die Identifizierung durch die Anderen, sie entstehen quasi im Spiegel der Anderen. Unter Ich-Identität versteht Goffman das subjektive Empfinden der Person von ihrer eigenen Situation und ihrer Eigenart sowie ihrer Kontinuität, das sich als Ergebnis der verschiedenen sozialen Erfahrungen herausbildet (vgl. hierzu insgesamt von Engelhardt 2010, S. 125ff.).

„Die Idee der Ich-Identität erlaubt uns zu betrachten, was das Individuum über das Stigma und sein Management empfinden mag, es führt uns dazu, den Verhaltensregeln, die ihm hinsichtlich dieser Dinge gegeben werden, besondere Aufmerksamkeit zu widmen." (Quark/Schmidt 2013, S. 17)

3.2 Erwartete und tatsächliche Identität

Das westliche Denken ist geprägt von Dualismen und Kategorisierungen, d. h. jeder von uns hat bestimmte Bilder von Menschen im Kopf. Stereotypisierung dient meist nur als eine Art Vereinfachung und Strukturierung der Sicht des Menschen auf die Welt (vgl. Quark/Schmidt 2013, S. 14).

Goffman führt zur Erklärung seiner Theorie wie oben beschrieben das Konstrukt der „sozialen Identität" an, das sowohl persönliche Charaktereigenschaften als auch strukturelle Merkmale beinhaltet und unterteilt sie in eine Diskrepanz zwischen erwarteter (virtualer) und tatsächlicher (aktualer) sozialer Identität. Die virtuale soziale Identität gründet auf impliziten Forderungen, die Menschen an andere, gemäß der antizipierten sozialen Identität (Zuwanderer, Arzt) stellen. Die Antizipation erfolgt mittels sozialer Kategorisierungen, aus denen Erwartungen bezüglich der Identität der anderen resultieren. Die aktuale soziale Identität hingegen setzt sich aus tatsächlich vorhandenen Eigenschaften einer Person zusammen. Weist eine Person eine negative Eigenschaft auf, welche in ihrer sozialen Kategorie nicht zu erwarten ist, also der erwarteten sozialen Identität nicht entspricht, so kann es dazu führen, dass die Person aufgrund dieser nicht antizipierten Eigenschaft zum Gegenstand von Abwertung wird. Eine Eigenschaft, die als ursächlich für die benannte Diskrepanz und in Folge für die Herabminderung deren TrägerInnen ist, definiert Goffman als Stigma (vgl. dazu insgesamt von Engelhardt 2010, S. 128f.).

3.3 Stigmata als Normabweichung

Im Falle einer negativen Abweichung der tatsächlichen Identität von den normativen Standards kommt es zu einer Diskreditierung der betreffenden Person und der Verwehrung als normale Person anerkannt zu werden. Diese wird zu einer Person mit beschädigter Identität (vgl. von Engelhardt 2010, S. 129).

Nach Goffman lassen sich drei Typen von Stigma unterscheiden: Erstens gibt es die Abscheulichkeiten des Körpers – die verschiedenen physischen Deformationen. Als zweites nennt er individuelle Charakterfehler, wie bspw. Willensschwäche oder Unehrenhaftigkeit, welche sich herleiteten „aus einem bekannten Katalog, zum Beispiel von Geistesverwirrung, Gefängnishaft, Sucht" und anderem. Die dritte Form von Stigma schließlich seien „die phylogenetischen Stigmata von Rasse, Nation und Religion", welche teilweise durch die bloße Familienzugehörigkeit vererbt würden (Goffman 1996, S. 12f. und vgl. von Engelhardt 2010, S. 129). Aber nicht die Eigenschaften und Verhaltensweisen haben eine diskreditierende Stigmawirkung, sondern erst ihr Bezug zum normativen Kontext, so gelten z. B. übergewichtige Menschen in Westeuropa als faul und undiszipliniert, während beleibte Frauen in Afrika als begehrenswert gelten (vgl. Quark/Schmidt 2013, S. 14). Das Stigma, das in einer anderen Person erkannt oder zugeschrieben wird und von der Norm abweicht (Hautfarbe, Kopfbedeckung), wird mit weiteren Eigenschaften verbunden und erhält dadurch ausgreifenden und umfassenden Charakter.

Kernpunkt seiner Ausführungen ist, dass die Identität von Individuen mit einem Stigma durch dieses beschädigt ist bzw. werden kann. Er beschreibt entsprechende Prozesse der

Interaktion, die sich damit befassen, wie sich dies auf Betroffene und ‚Normale' (d. h.: Nicht-Stigmatisierte) in sozialen Begegnungen auswirken können.

Zentraler Aspekt eines Stigmas ist, dass es sich immer um eine Eigenschaft bzw. ein Merkmal handle, welches dazu imstande sei eine Person zu beflecken, zu beeinträchtigen oder herabzumindern (vgl. Goffman 1996, S. 11), jedoch muss die Eigenschaft oder Verhaltensweise im normativen Kontext gesehen werden. Dementsprechend ist ein Stigma an sich weder kreditierend noch diskreditierend. Vielmehr gehe es um Vorstellungen, Erwartungen und Zuschreibungen die Menschen von anderen hätten bzw. an diese stellten (vgl. von Engelhardt 2010, S. 130). "So können bestimmte Eigenschaften und Verhaltensweisen in einer Teilkultur der Gesellschaft zu den positiven Erwartungen einer anerkannten Identität und damit zur Normalität gehören, während sie in einer anderen Teilkultur ein Stigma darstellen" (von Engelhardt 2010, S. 130).

3.4 Stigmata von minderjährigen Flüchtlingen

Einer der Hauptgründe für die Stigmatisierung von Flüchtlingen ist das über ihre Lebensumstände sehr wenig bekannt ist. Somit werden „die Flüchtlinge" als homogene Gruppe wahrgenommen und stereotypisiert. Durch die Gleichbehandlung einer Vielzahl von sehr unterschiedlichen Menschen, die aus sehr unterschiedlichen Gründen nach Deutschland geflohen sind, werden die Flüchtlinge auch nur als solche wahrgenommen und durch mangelnde Teilhabechancen bleiben sie auch fremd und nicht dazugehörend (vgl. Espenhorst 2011, S. 21).

Wie oben erwähnt, gibt es sichtbare stigmatisierende Eigenschaften und nicht sichtbare stigmatisierende Eigenschaften. An ersteren, wie z. B. einem Turban oder einem ungewöhnlichen Verhalten, wie etwa dem Beten auf einem Teppich, das in Deutschland nicht der Norm entspricht bzw. entgegen der Norm erscheint, können Menschen schon kategorisiert werden. Nicht sichtbare stigmatisierende Eigenschaften lassen minderjährige Flüchtlinge als Stigmatisierte hervortreten, durch den Kontakt mit bestimmten Instanzen, wie dem Jugend- oder Sozialamt oder den Aufenthalt an speziellen Orten, wie z. B.

Wohngruppen für minderjährige Flüchtlinge. Durch diese Abgrenzung zum „normalen" Minderjährigen und den damit verbundenen Erwartungen aus der Gesellschaft, wird das Kind bzw. der Jugendliche stigmatisiert und erhält einen neuen Status. An dieser Stelle ist dann auch die Identität des Jugendlichen in Gefahr, wenn er bemerkt, dass er den normativen Erwartungen nicht entsprechen kann (vgl. Goffman 1996, S. 13).

Flüchtlinge machen oft Erfahrungen der Ablehnung und Ausgrenzung, wenn sie in Kontakt mit Gleichaltrigen, z. B. in der Schule treten. Diese negativen Erfahrungen können wiederum dazu führen, dass betroffene jugendliche Flüchtlinge schon grundlegend davon ausgehen, als negativ betrachtet zu werden und sich dementsprechend verhalten. Diese Änderung des Verhaltens aufgrund bestimmter Erwartungen kann als „selbsterfüllende Prophezeiung" angesehen werden und wirkt sich auf die Identitätsentwicklung des Betreffenden in der Regel negativ aus. Da innerhalb der sozialen Interaktion ein normabweichendes Verhalten von Flüchtlingen häufig schnell offensichtlich wird, liegt der Schwerpunkt der Betroffenen nicht in der Verheimlichung ihres Stigmas, sondern in der Bewältigung der entstehenden Folgen.

Die Folgen von Stigmatisierung liegen somit in der Teilhabe der Flüchtlinge an der Gesellschaft, in der möglichen Änderung der Identität, sowie in den sozialen Interaktionen mit Nicht-Stigmatisierten. Es kann u. a. gar nicht zum Aufbau sozialer Kontakte kommen, da Flüchtlinge durch ihren verminderten Status eher allgemeine Ausgrenzung erfahren (vgl. dazu insgesamt Hohmeier 1975).

„Personen mit Eigenschaften, die von der kulturell gesetzten Normalität abweichen, durchlaufen eine sehr unterschiedliche biographische Entwicklung, was Goffman „moralischer Werdegang" nennt, je nachdem, ob es sich um angeborene und sozial vererbte oder um erst später „erworbene" Eigenschaften handelt" (Von Engelhardt 2010, S. 129). Für Migranten und minderjährige Flüchtlinge kann dies bedeuten, dass sie als Person aus ihrer Herkunftskultur in eine andere Kultur wechseln und dabei mit veränderten Normalitätsstandards konfrontiert werden, durch die sie zum stigmatisierten Abweichler werden. Früher oder später ist sich der betreffende sicherlich bewusst, dass sie stigmatisierende Eigenschaften besitzt und nicht den gesellschaftlichen Erwartungen und normativen Vorstellungen entspricht (vgl. von Engelhardt 2010, S. 131) Daraus entsteht für die Ich-Identität eine „Spannung zwischen Ich-Ideal und Ich" (Goffman 1996, S. 16), die mit Selbstzweifel und Nichtakzeptanz der eigenen Person einhergeht und im Kontakt mit den "Normalen" verstärkt werden kann. Sie kann aber besonders in der einsamen Auseinandersetzung mit der eigenen Person sehr deutlich und schmerzlich erfahren werden" (vgl. von Engelhardt 2010, S. 130).

4. Partizipation als Chance zur Inklusion von minderjährigen Flüchtlingen

Wie ist die Lage von Kindern und Jugendlichen mit Migrationshintergrund bzw. wie werden sie im öffentlichen und politischen Rahmen wahrgenommen?

Sie befinden sich in einem Spannungsfeld zwischen Ausgrenzung und Integrationsforderungen der Gesellschaft, d. h. sie werden auf der einen Seite als nicht zugehörig zur deutschen Gesellschaft gesehen, die eine mangelnde Bereitschaft mitbringen sich zu integrieren, aber auf der anderen Seite werden sie mit spezifischen Integrations- und Anpassungsforderungen konfrontiert (vgl. Geisen/Riegel 2009, S. 8). Zudem sind ihre Möglichkeiten sich in der Gesellschaft einzubringen und zu engagieren begrenzt: „Ihr Zugang zu relevanten sozialen Ressourcen ist erschwert, sie sind im Bildungs- und Ausbildungsbereich Benachteiligungen ausgesetzt und sie werden mit Zuschreibungs-, Ausgrenzungs- und Rassismuserfahrungen konfrontiert." (Geisen/Riegel 2009, S. 10), d. h. diese Erfahrungen prägen die Lebenswirklichkeit der jugendlichen Flüchtlinge und bilden dadurch die Voraussetzung und Notwendigkeit von konkreten und individuellen Formen gesellschaftlicher Partizipation (vgl. Geisen/Riegel 2009, S. 19).

Der Integrationsprozess im Migrations- oder Minderheitenkontext kann demnach nicht auf eine einseitige, individuelle Anpassungsleistung reduziert werden. Er umfasst vielmehr strukturelle, soziale, kulturelle und identifikatorische Dimensionen und bedarf der entsprechenden gesellschaftlichen Voraussetzungen, so dass jugendlichen MigrantInnen die gleichberechtigte soziale, politische und kulturelle Beteiligung ermöglicht wird (vgl. Geisen/Riegel 2009, S. 9).

„Der Begriff der Partizipation wird dabei in einem weiten Sinne in Bezug auf die sozialkulturelle Teilhabe an Gesellschaft, der Verfügung über sozial relevante Ressourcen und der Möglichkeit der sozialen und kulturellen Wirksamkeit verstanden." (Geisen/Riegel 2009, S. 20).

Hinter dem Begriff der Partizipation muss, neben der aktiven Teilnahme an politischen und gesellschaftlichen Entscheidungen durch vorhandene institutionelle Strukturen eine private wie öffentliche sozio-kulturelle Teilhabe stecken, die Handlungsspielräume erweitert (vgl. Geisen/Riegel 2009, S. 9). Soziale Partizipation findet im Kern durch Aushandlungsprozesse statt, d. h. das Einbringen und Abstimmen eigener Interessen in die Gemeinschaft muss gewährleistet sein. Dafür werden vielfältige Fähigkeiten und Fertigkeiten benötigt, wie beispielsweise Sprachkompetenzen oder das Wissen über die Kultur des Anderen. Diese Fähigkeiten werden für partizipative Prozesse benötigt, aber gleichzeitig auch in ihnen erworben und bieten die Möglichkeit demokratische Handlungsweisen, wie das Finden von Kompromissen zu erzielen und umzusetzen (vgl. Quack/Schmitt 2013, S. 44). "Ein zentraler Indikator für inklusive Prozesse ist ein partizipatives Handeln auf allen Ebenen." (Quack/Schmidt 2013, S. 46).

Um den Partizipationsmöglichkeiten der jugendlichen Flüchtlinge gerecht zu werden, muss die Soziale Arbeit ihre Ansprüche und Praktiken wahrnehmen bzw. umsetzen, um die Lebensumstände der Jugendlichen zu verbessern. So braucht es etwa ein anwaltschaftliches Verständnis in der Arbeit mit jungen Flüchtlingen (vgl. Espenhorst 2011, S. 22), d. h. Kinderrechte müssen beispielsweise die Rechte aller Kinder sein, auch der Kinder auf der Flucht. Gerade sie, die in ihrer neuen Heimat mit einer anderen Kultur und

Sprache ihren Weg suchen und finden müssen, sind besonders darauf angewiesen, dass ihr Wohl gewahrt, ihre Anliegen wahrgenommen und ihr Person gefördert wird (vgl. Amirpur 2012).

In der Sozialen Arbeit muss somit ein politischer Anspruch verfolgt werden, um die Veränderung von Strukturen zu bewirken, indem beispielsweise die UN-Kinderrechtskonvention auch für Kinder ohne deutschen Pass ausnahmslos gelten (vgl. Espenhorst 2011, S. 20ff.).

Zunehmend gerät in der Debatte um die Migrationsgesellschaft im Kontext zu politischen, schul- oder sozialpädagogischen Konzepten der Begriff Inklusion in den Fokus. Inklusion steht für ein allumfassendes Verständnis von gleichberechtigter Erschließung aller Menschen an gesellschaftlicher Teilhabe und für die Wertschätzung der Vielfalt, ungeachtet des Anderssein der Individuen, d. h. nicht die Einzelnen erbringen primär ihre Integrationsleistung an die von der Mehrheit geprägten gesellschaftlichen Vorstellungen, sondern die Heterogenität der Individuen und ihre Ausgangslagen bilden den normativen Bezugsrahmen. Übertragen auf die Lebenslagen der Flüchtlinge bedeutet dies, die Gewährung umfassender individueller Rechte, einer Befähigung der Flüchtlinge am gesellschaftlichen Leben teilzuhaben und den Umbau institutioneller Rahmenbedingungen sowie die Entwicklung eines neuen politischen Leitbildes, in dem Rechte und Maßnahmen von Anfang an zugestanden werden und somit ein barrierefreier Zugang zu allen Ressourcen gestaltet wird (vgl. dazu insgesamt Gag/Voges 2014, S. 10f.).

4.1 Empowerment als Handlungskonzept in der Flüchtlingsarbeit

Eine Grundannahme von Empowerment ist, dass es eine Schieflage und Ungleichverteilung der Machtverhältnisse gibt, die zu gesellschaftlichen Problemlagen führt und darum eine Veränderung der Machtverhältnisse Grundlage psychosozialer Arbeit sein muss (vgl. Seckinger 2011, S. 313).

Empowerment ist ein Konzept, "das erforderliche Prozesse sozialer Arbeit mit einer professionellen Haltung verbindet, die sich konsequent den individuellen und kollektiven Ressourcen der Menschen zuwendet. Gleichzeitig werden drei Handlungsebenen miteinander verknüpft, die sonst meist getrennt behandelt werden: Individuum - soziales Netzwerk - Organisation." (Lenz/Stark 2002, S. 7).

Das Konzept des Empowerment stammt u. a. aus der schwarzen Bürgerbewegung und im Kontext der Sozialen Arbeit ist das Konzept des Empowerment als Möglichkeit zu sehen, die Selbstgestaltungskräfte und -fähigkeiten der Menschen anzuregen und zu entfalten, d. h. sie zu unterstützen ihr Leben eigenverantwortlich zu meistern. Dazu bedarf es allerdings einer Umstrukturierung und eines Perspektivwechsels im sozialarbeiterischen Handeln, d. h. die traditionelle Soziale Arbeit braucht einen Paradigmenwechsel weg von der Defizitorientierung- und zuweisung hin zur Ressourcenorientierung. Viele Flüchtlinge bringen aus ihrer Heimat wertvolle Fähigkeiten und Kenntnisse mit. Diese resultieren sowohl aus ihrer Berufs- als auch aus ihrer Lebenserfahrung. Aufgrund ihrer besonderen Situation hier können sie diese Kompetenzen meist nicht einsetzen. So gehen diese Stück für Stück verloren. Diese Ressourcen müssen erkannt und eine Teilhabe am Bildungs- und Arbeitsmarkt geschaffen werden. Eine Verbesserung des Zugangs zu Ressourcen erfordert somit ein Agieren der Fachkräfte auch auf politischer Ebene (vgl. dazu insgesamt Seckinger 2011, S. 316).

Die Soziale Arbeit soll sich am Gegenüber orientieren, mit ihm Lösungen aushandeln und ihn nicht in seinen normativen Kontext, in sein System einpassen (vgl. Quack/Schmitt 2013, S. 51f.).

Für die Flüchtlingssozialarbeit bedeutet dies z. B., dass die Hilfe an der individuellen Situation und den Bedürfnissen des Einzelnen ansetzt. So brauchen beispielsweise minderjährige Flüchtlinge, die aufgrund von Krieg und Verfolgung geflohen und dadurch traumatisiert sind eine andere Unterstützung als Flüchtlinge, die aufgrund von Naturkatastrophen ihr Land verlassen mussten. Fachkräfte sollen sich als Moderator und Katalysator von Selbstbemächtigungsprozessen verstehen und nicht als Experten, die eine passende Lösung anbieten (vgl. Seckinger 2011, S. 316).

"Machtlosigkeit und Fremdbestimmung sind Ausgangspunkt für Empowermentbemühungen" (Quack/Schmitt 2013, S. 53). Viele Flüchtlinge verlieren beispielsweise durch einen langen Aufenthalt in Gemeinschaftsunterkünften ihre Selbständigkeit und es fällt ihnen schwer, ihr Leben anschließend eigenständig zu meistern. Ziel muss es sein, ihre Selbstbestimmung und Autonomie wieder herzustellen, indem sie beispielsweise die Möglichkeiten erfahren, die deutsche Sprache zu lernen und über ihre Rechte informiert werden (vgl. Thieme 2005, S. 1ff.).

4.2 Wie Partizipation und Inklusion gut gelingen können

Damit Inklusion und Partizipation gut gelingen können, braucht es vor allem Zeit und Personal, um eine Einrichtung aufzubauen, die sich an den Bedürfnissen der Kinder und Jugendlichen orientieren kann. Um den Flüchtlingsströmen momentan gerecht zu werden, werden z. B. Turnhallen zu Flüchtlingslagern umfunktioniert oder in der kalten Jahreszeit Zelte aufgestellt, wie in der TV-Sendung "Hart aber fair" vom 23.02.2015 berichtet wurde (vgl. Hart aber fair 2015). Dies sind kurzfristige Lösungen, die durch nachhaltige Angebote ergänzt werden müssen.
In Einrichtungen, die schon mehrere Jahre existieren, wie z. B. ALREJU in Brandenburg, können bis zu 63 UMF in acht Wohngruppen aufgenommen werden. Ihnen stehen dort, neben einem eigenen Zimmer, Bad und Gemeinschaftsräumen, Sport-, Schulungs- und Begegnungsräume, somit ausreichend Platz sowie ein großes Außengelände zur Verfügung. Die weiter oben beschriebene Clearingphase, die alle Neuankömmlinge zunächst durchlaufen, ist ebenso Teil der Einrichtung in Form einer "Clearingwohnung", die zur Verfügung steht. Nach der Clearingphase dürfen die Kinder und Jugendlichen mit entscheiden, in welcher Wohngruppe sie einziehen (entsprechend der Platzkapazität), dabei wird auf religiöse und kulturelle Besonderheiten Rücksicht genommen. Die Betreuer vor Ort sprechen die jeweilige Muttersprache der Jugendlichen und vermitteln ihnen,

neben der deutschen Sprache auch lebenspraktische Kenntnisse. Es wird gemeinsam eingekauft und gekocht, geputzt und gewaschen. In familienähnlichen Wohnformen, durch Begleitung einer männlichen und weiblichen pädagogischen Fachkraft erfahren die Kinder und Jugendlichen eine kontinuierliche Betreuung und besuchen die nahe gelegene Schule. Abhängig von ihrem Sprachstand werden sie zunächst in der deutschen Sprache unterrichtet, bevor sie in die Regelklassen eingeschult werden. Die Kinder und Jugendlichen haben sowohl die Möglichkeit an Freizeitangeboten von der Einrichtung, als auch von ortsansässigen Vereinen teilzunehmen und so auch Kontakt zu Bewohnern außerhalb der Einrichtung zu knüpfen (vgl. dazu insgesamt Bachert 2014, S. 21f.).

Ein weiterer wichtiger Aspekt, der zu Inklusion und Partizipation der Flüchtlinge beiträgt, ist sicherlich das ehrenamtliche Engagement vieler Bürger. Durch Kleider-, Möbel- und Spielzeugspenden unterstützen viele Menschen die Grundbedürfnisse der Flüchtlinge. Durch Hilfe bei der Wohnungssuche und Übersetzerfunktion für die Eltern sowie Angebote der Spielgruppen oder Hausaufgabenbetreuung für die Kinder und Jugendlichen können die Ehrenamtlichen viel Unterstützung leisten und somit zur Inklusion beitragen. Das Bundesamt für Migration bietet Fortbildungen für Ehrenamtliche Helfer an (vgl. BAMF d 2011) und in vielen deutschen Städten gibt es Freiwilligenagenturen oder Kampagnen, wie z. B. "save me". Bei "save me" sind mehr als fünfzig Städte vertreten, die sich für die Aufnahme von Flüchtlingen einsetzen und ehrenamtliche Helfer suchen und bereitstellen. Sie werden unterstützt durch kirchliche und andere freie Träger. Bei gemeinsamen Kochabenden wird Zeit miteinander verbracht oder die Betroffenen werden durch Sprachtandems unterstützt. Ebenso gibt es die Möglichkeit politisch aktiv zu werden, die Rechte der Flüchtlinge zu stärken sowie eine "Willkommensstruktur zu schaffen" (vgl. dazu insgesamt "save me").

5. Die Rolle der Sozialen Arbeit - benötigte Handlungskompetenzen der Fachkräfte

Eine Aufgabe der Sozialen Arbeit ist es u. a. die Angebote der sozialen Sicherungssysteme sowie der spezialisierten helfenden Berufe (z. B. Ärzte, Therapeuten) zu erweitern und zu ergänzen, um gesellschaftlich verursachter Hilfsbedürftigkeit entgegenzuwirken. Diese Hilfen sind stets darauf ausgerichtet, die Menschen zur Selbsthilfe zu motivieren, sie sollen dabei unterstützt werden, sich in die Gesellschaft zu inkludieren (vgl. Scherr 2004, S. 58).

Zu den Handlungskompetenzen der Fachkräfte zählen demnach, ihre Fachkompetenz anzuwenden, in dem sie ihr Wissen über die wirtschaftliche, (sozial)politische und personelle Situation der Flüchtlinge stets aktualisieren und durch kommunikative Kompetenzen, Empowerment bei den Flüchtlingen zu wecken, damit diese auch selbsttätig handeln können. Die Fachkräfte müssen ihre Kenntnisse anwenden, um z. B. Hilfen zur Erziehung für die Flüchtlinge bereitzustellen, Freizeitangebote für Kinder und Jugendliche zu schaffen sowie psychotherapeutische Angebote zur Traumatisierungsbewältigung zur Verfügung zu stellen. Es gehört zu ihren Aufgaben, die materiellen Grundvoraussetzungen zu sichern, damit eine selbstbestimmte Teilhabe am Leben möglich ist (vgl. Wörterbuch Soziale Arbeit 2013, S. 424).

Gemäß § 1 Abs. 1 SGB I sollten die Fachkräfte die Grundhaltung mitbringen für soziale Gerechtigkeit und die freie Entfaltung der Persönlichkeiten zu sorgen sowie ein menschenwürdiges Dasein zu sichern (vgl. Gesetze für die Soziale Arbeit 2013). In diesem Sinne müssen die Fachkräfte ihre persönlichen Kompetenzen, wie Sozial- und Selbstkompetenz nutzen. Sie müssen sich der (sozialen) Ungleichheiten, denen Flüchtlinge ausgesetzt sind und der daraus resultierenden Benachteiligungen, bewusst werden, sich politisch engagieren, um z. B. für einen schnelleren Ablauf des Asylverfahrens für mehr Sicherheit der Flüchtlinge zu kämpfen und mehr Aufklärungsarbeit in der Bevölkerung zu leisten.

Bei der Arbeit in den Familien muss stets das „Spannungsverhältnis von [...] familialer Lebensführung und gesellschaftlichen Lebensbedingungen" beachtet werden (Scherr 2004, S. 58). Dazu gehört z. B. auch, zur Sicherung des Kindeswohls, dafür zu sorgen, dass Kinder in sicheren Unterkünften mit abschließbaren Waschräumen leben können, ohne Angst haben zu müssen, nachts auf den Gängen belästigt zu werden (vgl. Soyer 2014, S. 8). Die Fachkräfte sollten auch dafür kämpfen, dass mehr Personal mit Migrationshintergrund ausgebildet und eingesetzt werden kann, um für mehr kulturelles und sprachliches Verständnis bei den Flüchtlingen zu sorgen (vgl. Peucker/Seckinger 2014, S. 13).

6. Fazit

Zusammenfassend müssen wir feststellen, dass für die Situation der Kinder und Jugendlichen, die nach Deutschland flüchten, noch viel getan werden muss. Die oben genannten Zahlen zeigen, dass es einen hohen Bedarf sowohl für begleitete als auch unbegleitete minderjährige Flüchtlinge gibt. Die Länder und Kommunen sind zurzeit hauptsächlich damit beschäftigt, geeignete Wohnflächen zu finden und bereit zu stellen. Die Suche nach geeignetem pädagogischem Personal wird dadurch erschwert, dass bereits nach der Formulierung des Rechtsanspruchs für Einjährige im August 2013 offensichtlich wurde, dass es in der BRD zu wenig ausgebildetes pädagogisches Fachpersonal gibt und dem dringend entgegengewirkt werden muss.

Neben schnellen Entscheidungen und Gesetzesänderungen auf politischer Ebene, brauchen wir ebenso ein Umdenken in der Gesellschaft, dass auf Grundlage der UN-Menschenrechtskonvention basiert und gemäß Artikel 2 "die Rechte aller Menschen schützt, unabhängig von Rasse, Hautfarbe, Geschlecht, Sprache und Religion" (Vereinte Nationen 1948).

Um den Menschen gerecht werden zu können, müssen alle Nationen sich dafür einsetzen wie beispielsweise die Krisenländer in politischer, wirtschaftlicher und humanitärer Sicht eine Unterstützung erfahren könnten, um für stabilere Situationen in den Herkunftsländern zu sorgen. In Deutschland muss über die verschiedensten Verfahren, Standards und Konzepte auf politischer und rechtlicher Seite diskutiert werden, wie z. B. über die Vereinheitlichung der Inobhutnahmeregelungen in den einzelnen Bundesländern oder ebenso die Frage der bundes- und länderweiten Verteilung sowohl der Kosten als auch der UMF.

Für die Rechtfertigung finanzieller Mittel braucht es mehr wissenschaftliche Untersuchungen und Statistiken, um den tatsächlichen Bedarf zu ermitteln und Hilfen bereitstellen zu können. Auch die Medien tragen durch ihre Berichterstattungen dazu bei, ein - positiv oder negativ besetztes - Bild über Flüchtlinge zu schaffen. Wir haben u. a. die Erkenntnis gewonnen, dass häufig durch Informationsmangel oder fehlendes Bewusstsein für die minderjährigen Kinder und Jugendliche Missverständnisse entstehen, sie mit Stigmatisierungen konfrontiert sind und in ihrer (Identitäts-)Entwicklung vor großen Herausforderungen stehen. Dringend notwendig sind Aufklärungsarbeit und Beratungen über ihre Situation vor allem bei anderen Kindern, Eltern und pädagogischen Fachkräften, die das erste Mal mit dem Thema in Berührung kommen.

Insbesondere die Soziale Arbeit muss sich mit den bereits oben erwähnten speziellen Problemlagen der minderjährigen Flüchtlinge, wie etwa der Traumatisierungen durch Krisensituationen im Herkunftsland oder auf der Flucht, dem unzureichenden Zugang zu Bildungseinrichtungen sowie dem angemessenen Umgang mit diesen Kindern und Jugendlichen befassen. Sie muss dazu beitragen, Inklusionsprozesse anzustoßen, indem sie beispielsweise Fachverbände und Fachleute zusammenführt, die Leitlinien entwickeln, um den Herausforderungen gerecht zu werden. Es muss einen Austausch in diesen Gremien darüber geben, welche Konzepte und Erfahrungen Teilhabe- und Partizipationsmöglichkeiten für die Betroffenen entstehen lassen. Durch einen Paradigmen- und Haltungswechsel hin zur Ressourcenorientierung wie es die Empowermentarbeit zeigt, kann ein inklusiver Prozess für Flüchtlinge, angefangen bei der Veränderung von gesellschaftlichen Strukturen bis hin zum Umdenken in der Sozialen Arbeit, Teilhabemöglichkeiten für Flüchtlinge generieren.

Flüchtlingssozialarbeit ist unserer Meinung nach dringend erforderlich und ein zentraler Beitrag zum Flüchtlingsschutz!

7. Literaturverzeichnis:

Amipur, Donja 2012: Inklusion: Auch für Flüchtlingskinder? o.O. *http://www.migazin.de/2012/04/27/auch-fur-fluchtlingskinder/ - zuletzt aufgerufen am 21.02.2015*

Bachert, Silke 2014: Die Sprache ist der Schlüssel. In: Deutsches Jugendinstitut e.V.: Impulse 01/2014: (Über) Leben. Die Probleme junger Flüchtlinge in Deutschland, München, S. 21 - 22

Berthold, Thomas 2014: In erster Linie Kinder. Flüchtlingskinder in Deutschland. In: Deutsches Komitee für UNICEF, Köln

Bundesamt für Migration und Flüchtlinge (BAMF a) 2015: Asylgeschäftsstatistik für den Monat Januar 2015
http://www.bamf.de/SharedDocs/Anlagen/DE/Downloads/Infothek/Statistik/201501-statistik-anlage-asyl-geschaeftsbericht.pdf?__blob=publicationFile – zuletzt aufgerufen am 14.02.2015

Bundesamt für Migration und Flüchtlinge (BAMF b) 2014: Das deutsche Asylverfahren - ausführlich erklärt. Zuständigkeiten, Verfahren, Statistiken, Rechtsfolgen, Nürnberg

Bundesamt für Migration und Flüchtlinge (BAMF c) 2014: Ablauf des deutschen Asylverfahrens – Asylantragstellung – Entscheidung – Folgen der Entscheidung, Nürnberg

Bundesamt für Migration (BAMF d) 2011:Gemeinsames bürgerschaftliches Engagement
http://www.bamf.de/DE/Willkommen/Integrationsprojekte/Engagement/engagement.html - zuletzt aufgerufen am 16.02.2015

Diakonischen Werk in Kurhessen-Waldeck e.V. (DWKW) 2006 : Rahmenkonzeption zur evangelisch-diakonischen Flüchtlingsarbeit in Kurhessen-Waldeck
http://cdn.deswi.de/files/3/5/f/80d986687a9e826c74cc596901073/Rahmenkonzeption%20

der%20Fl%FCchtlingsberatung.pdf, *zuletzt aufgerufen am 27.02.2015*

Espenhorst, Nils 2011: Ein Aufmerksamkeitsdefizit der anderen Art: Es braucht einen anderen Blick auf junge Flüchtlinge. In: Sozial Extra 9/10 2011 S. 19-22, o.O. *http://www.b-umf.de/images/stories/dokumente/espenhorst-sozialextra-2011.pdf - zuletzt aufgerufen am 28.02.2015*

Gag, Maren/Voges Franziska 2014: Inklusion als Chance? Eine Einführung. In: Gag, Maren/Voges Franziska: Inklusion auf Raten. Zur Teilhabe von Flüchtlingen an Ausbildung und Arbeit, Münster

Geisen Thomas/Riegel, Christine 2009: Jugend, Partizipation und Migration: Orientierung im Kontext von Integration und Ausgrenzung, 2., durchgesehene Auflage, Wiesbaden

Gesetze für die Soziale Arbeit 2013: Textsammlung, 3. Aufl. 2013, Baden-Baden

Goffman, Erving 1996: Stigma – Über Techniken der Bewältigung beschädigter Identität, Baden-Baden

"Hart aber Fair" TV-Diskussion zum Thema "Flüchtlinge in Deutschland - wie willkommen sind sie wirklich?" In ARD Sendung vom 23.02.2015, WDR, o.O. *http://www.ardmediathek.de/tv/Hart-aber-fair/Fl%C3%BCchtlinge-in-Deutschland-wie-willkom/Das-Erste/Video?documentId=26694706&bcastId=561146&mpage=page.info- zuletzt aufgerufen am 28.02.2015*

Hohmeier, Jürgen 1975: Stigmatisierung als sozialer Definitionsprozess. In: Brusten, Manfred/Hohmeier, Jürgen (Hrsg.): Stigmatisierung 1. Zur Produktion gesellschaftlicher Randgruppen, Darmstadt, S. 5 - 24
http://bidok.uibk.ac.at/library/hohmeier-stigmatisierung.html, zuletzt aufgerufen am 27.02.2015

Kindler, Heinz 2014: Flüchtlingskinder, Jugendhilfe und Kinderschutz. In: Deutsches Jugendinstitut e.V.: Impulse 01/2014: (Über) Leben. Die Probleme junger Flüchtlinge in Deutschland, München, S. 9 - 11

Lenz, Albert/Stark, Wolfgang 2002: Einführung. In: Lenz, Albert/Stark, Wolfgang (Hrsg.): Empowerment. Neue Perspektiven für psychosoziale Praxis und Organisation, Tübingen, S. 7 - 10

Ludwig, Kristiana 2015: Angst und Abendland. In: Neon, Heft 02/2015, Hamburg, S. 26 - 31 Peuckert, Rüdiger 2010: Stigma. In: Kopp, Johannes/ Schäfers Bernhard (Hrsg.):
Grundbegriffe der Soziologie, 10. Auflage, Wiesbaden

Peucker/Seckinger 2014: Flüchtlingskinder: eine vergessene Zielgruppe der Kinder- und Jugendhilfe In: Deutsches Jugendinstitut e.V.: Impulse 01/2014: (Über) Leben. Die Probleme junger Flüchtlinge in Deutschland, München, S. 12 - 14

Quack, Angela/Schmidt Andrea 2013: Inklusion/Exklusion. Eine Multidisziplinäre Einführung, Studienbrief BASA-Online, o.O.

Save me: http://www.save-me-kampagne.de/ - *zuletzt aufgerufen am 28.02.2015*

Schmitt/Homfeldt 2014: Flüchtlingskinder besser verstehen: Die „Transnationale Biografiearbeit" In: Deutsches Jugendinstitut e.V.: Impulse 01/2014: (Über) Leben. Die Probleme junger Flüchtlinge in Deutschland, München, S. 15 - 17

Seckinger, Mike 2011: Empowerment. In: Otto, Hans-Uwe/Thiersch, Hans (Hrsg.): Handbuch Soziale Arbeit, München, S. 313 - 319

Soyer, Jürgen 2014: Kinder zweiter Klasse: Junge Flüchtlinge in Bayern. In: Deutsches Jugendinstitut e.V.: Impulse 01/2014: (Über) Leben. Die Probleme junger Flüchtlinge in Deutschland, München, S. 7 - 8

Statistisches Bundesamt – Pressemitteilung vom 25.07.2014 – 262/14: Mit 42100 Inobhutnahmen neuer Höchststand im Jahr 2013, Wiesbaden https://www.destatis.de/DE/PresseService/Presse/Pressemitteilungen/2014/07/PD14_262 _225.html - *zuletzt aufgerufen am 14.02.2015*

Stauf, Eva 2012: Unbegleitete minderjährige Flüchtlinge in der Jugendhilfe. Bestandsaufnahme und Entwicklungsperspektiven in Rheinland-Pfalz, Mainz

Thieme, Thomas 2005: Konzept für ein Projekt aus dem Europäischen Flüchtlingsfond (EFF): "Empowerment für Flüchtlinge in Ostbrandenburg" http://www.caritas-fuerstenwalde.business.t-online.de/fw/Konz_EEF.pdf, *zuletzt aufgerufen am 28.02.2015*

Thränhardt, Dietrich 2014: Wahrnehmung und Wirklichkeit in der deutschen Einwanderungspolitik In: Deutsches Jugendinstitut e.V.: Impulse 01/2014: (Über) Leben. Die Probleme junger Flüchtlinge in Deutschland, München, S. 4 - 6

Vereinte Nationen 1948: Resolution der Generalversammlung, o.O. www.un.org/depts/german/menschenrechte/aemr.pdf - *zuletzt aufgerufen am 25.02.2015*

Von Engelhardt, Michael 2010: Erving Goffman. Stigma. Über Techniken der Bewältigung beschädigter Identität. In: Jörissen, Benjamin/Zirfas, Jörg (Hrsg.): Schlüsselwerke der Identitätsforschung, Wiesbaden

BEI GRIN MACHT SICH IHR WISSEN BEZAHLT

- Wir veröffentlichen Ihre Hausarbeit, Bachelor- und Masterarbeit

- Ihr eigenes eBook und Buch - weltweit in allen wichtigen Shops

- Verdienen Sie an jedem Verkauf

Jetzt bei www.GRIN.com hochladen und kostenlos publizieren